Thomas Ötinger

Mit diesen sieben Erfolgsfaktoren als freier oder gebundener Versicherungsberater zur

lokalen Marke

„Es ist nicht die stärkste Spezies die überlebt, auch nicht die intelligenteste, es ist diejenige, die sich am ehesten dem Wandel anpassen kann."

Charles Darwin

Bibliografische Information der Deutschen Nationalbibliothek

Die Deutsche Nationalbibliothek verzeichnet diese Publikation in der Deutschen Nationalbibliografie, detaillierte bibliografische Daten sind im Internet über http://dnb.dnb.de abrufbar.

Das Werk, einschließlich aller seiner Teile, ist urheberrechtlich geschützt. Jede Verwertung außerhalb des Urhebergesetzes ist ohne Zustimmung des Verlages unzulässig und strafbar. Das gilt im Besonderen für Vervielfältigungen, Übersetzungen, Mikroverfilmungen und die Einspeicherung und Verarbeitung in elektronische Systeme. Es ist deshalb nicht gestattet, Abbildungen und Texte zu verändern oder zu manipulieren. Auch die Weitergabe an Dritte ist ohne Zustimmung des Verlages nicht erlaubt.

Alle Beispiele, Informationen, Anregungen und Tipps basieren auf den Erkenntnissen sowie der Gesetzeslage zum Zeitpunkt des Schreibens und wurden mit der größtmöglichen Sorgfalt zusammengestellt. Dabei wurde darauf geachtet, dass die gewählten Beispiele allgemein sind. Trotz aller Sorgfalt sind Fehler jedoch nicht ganz auszuschließen. Weil sich in Einzelfällen und durch Änderungen von Gesetzen und Vorschriften eventuell andere Umstände ergeben können, ist eine Haftung von Verlag und Autor für Schäden aus der Anwendung der hier erteilten Ratschläge ausgeschlossen. Auch können Autor und Verlag weder eine Garantie noch irgendeine Haftung für Personen und Sachschäden, die auf fehlerhafte Angaben in diesem Buch zurückzuführen sind, übernehmen.

Die UrheberInnen der in diesem Report enthaltenen Sprüche, Zitate und Aphorismen sind genannt. Fehlen sie, dann waren sie nicht eindeutig feststellbar. Das gilt auch für Spruchweisheiten aus dem Volksmund und für Neuformulierungen alter oder zu langer Sprüche.

Die Wiedergabe von Gebrauchsnamen, Handelsnamen, Warenbezeichnungen usw. in diesem Buch berechtigt auch ohne besondere Kennzeichnung nicht zu der Annahme, dass solche Namen im Sinne der Warenzeichen- und Markenschutz-Gesetzgebung als frei zu betrachten wären und daher von jedermann benutzt werden dürfen.

Alle Rechte vorbehalten. Nachdruck – auch auszugsweise – nur mit Genehmigung des Autors.

ISBN-Nr. 978-3-00-0471810

© Verlag: Wissen zur lokalen Markenführung
Anschrift: Bahnhofstr. 4, 96106 Ebern
Internet: www.thomas-oetinger.de;
E-Mail: buch@thomas-oetinger.de

Inhaltsverzeichnis

Rotkäppchen	5
Mit diesen sieben Erfolgsfaktoren zur lokalen Marktführerschaft	19
1. Der Kunde muss Sie erkennen und ein klares Bild von Ihnen haben	20
2. Der Kunde muss wissen, wofür Sie stehen (Positionierung)	24
3. Der Kunde muss Ihr Dienstleistungsangebot kennen	29
4. Der Geschäftssitz muss zu Ihrem Anspruch passen	33
5. Sie müssen den Kunden und sein Leben kennen (emotionale Bindung)	37
6. Sie müssen ein aktives Empfehlungsmarketing betreiben	42
7. Sie müssen durch aktive Werbung das Interesse Ihrer Zielgruppe auf lokaler Ebene fördern und stärken	48
Jetzt fängt Ihre Arbeit an	54
Impressum	56
Quellenverzeichnis	57

Rotkäppchen

„Gefühl ist alles; Name ist Schall und Rauch."

Goethe

Eines der bekanntesten Märchen ist „Rotkäppchen" in der Fassung der Gebrüder Grimm. Sie werden es kennen. Deshalb eine Frage an

Sie: Wie heißt das Mädchen, das von allen nur Rotkäppchen genannt wird, mit „bürgerlichem" Namen? Sie werden diese Frage nicht beantworten können. Der Name des Kindes taucht an keiner Stelle auf. Sein „Markenzeichen", das rote Käppchen, gab ihm den „Nickname", der es unsterblich machte.

Analog dazu wirft dieses Märchen auch für Ihr Unternehmen eine zentrale Frage auf, mit der wir uns in diesem E-Book beschäftigen:

Was ist Ihr Rotkäppchen?

Ich könnte die Frage auch anders stellen: Haben Sie ein Rotkäppchen und damit eine eigene Marke, die Sie aus der Flut der Wettbewerber-Angebote heraushebt? Oder sind Sie „nur" der klassische Versicherungsmakler Max Mustermann, der sein Unternehmen eher im kleinen, bescheidenen aber überschaubaren Rahmen führt und Werbemaßnahmen schlichtweg ablehnt, weil sie nur Geld kosten? Der somit das Leben einer „grauen Eminenz" führt, statt, mit Verlaub, ein Leben als Rotkäppchen?

In diesem Fall wage ich eine Prognose: Sie kommen mit Ihrem Unternehmen gerade einmal so über die Runden und hoffen, dass Ihre Bestandskunden von sich aus auf Sie zukommen, wenn sie Bedarf haben. Darüber hinaus hoffen Sie jeden Tag aufs Neue, dass keiner Ihrer Kunden das Weite sucht.

Glauben Sie, dass Sie unter diesen Umständen langfristig wirtschaftlich (über)leben können?

Oder anders gefragt: Mit einem Umsatz von 195 Milliarden Euro zählt die Versicherungsbranche zu einer der umsatzstärksten in Deutschland. Eine stolze Summe, die sich aus vielen kleinen Beträgen zusammensetzt. So gibt immerhin jeder deutsche Haushalt jährlich rund 2.100 Euro nur für Versicherungen aus. Dahinter verbirgt sich ein gewaltiges Entwicklungspotenzial, das kluge Versicherungsberater zu nutzen wissen. Gehören Sie dazu?

Wie groß ist Ihr Anteil an dieser Summe?

Was davon wird jährlich Ihnen aufs Konto überwiesen?

So viel, dass Sie gut davon leben können?

Oder eher weniger, sodass Sie sich am Ende des Geldes fragen, warum noch so viel Monat übrig ist bis zum nächsten Zahltag. Dann dürfte Ihnen jede Rechnung, die ins Haus flattert, weitere Schweißperlen auf die Stirn treiben. In diesem Fall ist es an der Zeit, tatkräftig gegenzusteuern. Abwarten und auf bessere Zeiten zu hoffen verbessert keinesfalls die Situation. Auf das Handeln kommt es an. Zu jeder Zeit und damit am besten jetzt.

Die größte Herausforderung ist dabei, dass Sie es wirklich wollen – sich zu einer echten „Marke" entwickeln, sodass Sie als DER lokale Experte vor Ort in aller Munde sind. Dazu müssen Sie aus dem Schatten heraus und hinein ins Licht treten. Dass das geht, steht außer Frage. Denn wenn andere das können, dann können Sie es erst recht – wenn Sie es wollen. Sich als Person zur Marke „auszubauen" setzt natürlich voraus, dass Sie bereit sind, sich ins Rampenlicht zu stellen. Es mag am Anfang sehr ungewohnt und auch etwas unangenehm sein, doch es lohnt sich wirklich. Denn „bekannt wie ein bunter Hund" im positiven Sinne zu sein, führt am Ende dazu, dass Sie als Experte wahrgenommen werden, zu dem jedermann selbstredend geht, wenn ein „Problem" gelöst werden muss.

Bei der ganzen Thematik stellt sich die Frage, was eine Marke spannend macht, die sich nicht nur auf Konsumgüter, sondern auch auf Persönlichkeiten bezieht?

Warum ist ein Smartphone nicht gleich ein Smartphone, eine Frauenhandtasche nicht gleich eine Frauenhandtasche und ein Auto nicht gleich ein Auto? Weil es weniger um Waren, sondern vielmehr um die Marke geht. Das ist ein extrem wichtiger Unterschied. Produkte werden in Fabrikhallen nach klaren Vorgaben und in der Regel auf hohem Niveau produziert. Die Qualität der fertiggestellten Produkte ist zweifelsfrei prüfbar und unbestechlich.

> *Dagegen werden „starke Marken" nicht in Fabriken gebaut, sie werden in den Köpfen der Kunden und Konsumenten aufgebaut!*

Marken transportieren nicht nur den praktischen Wert eines Produkts, sondern vielmehr Sehnsüchte, innere Haltung und Wünsche, weshalb starke Marken unsere Entscheidungen extrem beeinflussen.

Die herausragenden Wissenschaftler Dr. Dan Ariely, Professor für Psychologie von der Duke University (Durham, USA), und der Nobelpreisträger Prof. Daniel Kahneman, ehemals Princeton University (Princeton, USA), fanden heraus, dass wir Menschen viel weniger zu bedachten, auf reiflicher Überlegung basierenden Entscheidungen neigen als gemeinhin angenommen wird. Dazu sagt Stiftungsprofessor Ralf Wagner von der Universität Kassel[1]:

> *„Schnelle, emotionsgeleitete und intuitive Entscheidungen sind beim Kauf, bei der Bestellung im Internet, aber auch im zwischenmenschlichen Kontakt eher die Regel als die Ausnahme... Automatisch ablaufende Beurteilungsprozesse helfen uns, den Alltag aus Informationsüberflutung, Zeitnot und täglich unzähligen Entscheidungssituationen zu bewältigen. Diese Prozesse sind durch Routinen und Emotionen gesteuert. Natürlich fällen wir einige unserer Entscheidungen heute anders als gestern: Wir sind heute ja auch in einer anderen Stimmung."*

Mit Blick auf das Verhalten von Konsumenten lautet sein Fazit:

> *„Die Kunden sind kaum in der Lage, konkurrierende Angebote an objektiven Kriterien wie Material, Funktionalität und Design zu unterscheiden. <u>In diesen Situationen entfaltet sich die Kraft der Marken.</u>"*

Deshalb ist es heute unverzichtbar, selbst zur Marke zu werden! Es ist die Kraft, mit der Sie jede Herausforderung meistern und dauerhaft erfolgreich sein werden.

Wenn Sie sich als Marke über Ihren Wettbewerb erheben, erreichen Sie Menschen leichter und schneller, und vor allen Dingen kommen ratsuchende Kunden freiwillig zu Ihnen. Das schont nicht nur Ihr Werbebudget, sondern auch Ihren Terminkalender. So haben Sie viel mehr Zeit, sich um Ihre Kunden zu kümmern, weil der Aufwand für die Neukundenakquise auf ein Minimum reduziert werden kann.

Also „markieren" Sie sich innerhalb Ihrer Stadt (aus Gründen der besseren Lesbarkeit verwende ich Stadt als Synonym für Gemeinde, Dorf, Heimat etc.). Früher hätte man gesagt: Werden Sie zum Platzhirsch!

In Sachen „Markenbildung" spielt es keine Rolle, ob es sich um Konsum- oder Investitionsgüter handelt, Versicherungen, Bausparverträge, Dienstleistungen jeder Art, oder ob es um eine Person geht – SIE! Sie als Marke machen sich unsterblich.

Schauen wir uns an, wie Sie als „lokale Marke" automatisch und dauerhaft Umsatz machen und damit Gewinne schreiben können. Doch zuvor habe ich einige Fragen an Sie. In der nachfolgenden Tabelle stelle ich Ihnen einige Produkte und Dienstleistungen vor- verbunden mit der Bitte, den Markennamen, der Ihnen spontan dazu einfällt, in die rechte Spalte zu schreiben.

Mit diesen sieben Erfolgsfaktoren zur lokalen Marke

Welche Marke ist gemeint?

Produkt/Dienstleistung	Markenprodukt
Papiertaschentuch	
Küchenpapierrolle	
Waschmittel	
Quadratische Schokolade	
Lila Schokolade	
Gummibärchen	
Deutscher Sportwagen	
Tütensuppe	
Hamburger	
Energydrink	
Schokoriegel	
Creme in blauer Dose	

Wagen wir einen Vergleich. Sieht Ihre Liste in etwa so aus:

Produkt/Dienstleistung	Markenprodukt
Papiertaschentuch	Tempo
Küchenpapierrolle	Zewa-Wisch und Weg
Waschmittel	Persil
Quadratische Schokolade	Ritter Sport
Lila Schokolade	Milka
Gummibärchen	Goldbären
Deutscher Sportwagen	Porsche
Tütensuppe	Maggi
Hamburger	McDonalds
Energydrink	Red Bull
Schokoriegel	Mars
Creme in blauer Dose	Nivea

Die Unternehmen geben Millionen von Euro aus, um uns zum Kauf ihrer Produkte zu verführen. Auch wenn die meisten TV-Zuschauer in den Werbepausen einfach umschalten, so bleibt doch etwas von den Botschaften hängen. Unser Gehirn ist nämlich viel zu schlau, als dass es etwas vergisst. Pro Sekunde strömen auf unsere fünf Sinne etwa 400 Milliarden Bits ein. Strömen heißt hier, nicht bewusstes Verarbeiten. Wissenschaftler gehen davon aus, dass nur etwa 2.000 Bits in unser Bewusstsein gelangen. Die restlichen Bits gehen allerdings nicht verloren, sondern werden unbewusst verarbeitet, und zwar in der Sprache des Unterbewusstseins: der Bildsprache. Stehen wir nun etwas unschlüssig vor dem Supermarktregal, flackern diese Bilder hoch, und schwupps greifen wir fast wie in Trance zu einem Markenprodukt. Die Werbung hat ihr Ziel erreicht.

Wann haben Sie Ihr Ziel erreicht?

Diese Frage möchte ich wie folgt beantworten: Stellen Sie sich bitte einmal vor, Sie geben Passanten in Ihrer Gemeinde die Möglichkeit, auf Fragen nach dem obigen Muster zu antworten, ohne dass Sie als Person zugegen sind. Was würden die befragten Personen im besten Fall in die rechte Spalte schreiben?

Versicherung	**Versicherungsberater**
Lebensversicherung	
Betriebliche Altersvorsorge	
Rentenversicherung	
Berufsunfähigkeitsversicherung	
Krankenversicherung	
Haftpflichtversicherung	
Zahnzusatzversicherung	
Unfallversicherung	
Reiseversicherung	
Rechtsschutz	
KFZ-Versicherung	

Im besten Fall würden die Befragten dort Ihren Namen eingetragen haben (hier als XY darstellt).

Versicherung	Versicherungsberater
Lebensversicherung	*Mein lokaler Berater XY*
Betriebliche Altersvorsorge	*Mein lokaler Berater XY*
Rentenversicherung	*Mein lokaler Berater XY*
Berufsunfähigkeitsversicherung	*Mein lokaler Berater XY*
Krankenversicherung	*Mein lokaler Berater XY*
Haftpflichtversicherung	*Mein lokaler Berater XY*
Zahnzusatzversicherung	*Mein lokaler Berater XY*
Unfallversicherung	*Mein lokaler Berater XY*
Reiseversicherung	*Mein lokaler Berater XY*
Rechtsschutz	*Mein lokaler Berater XY*
KFZ-Versicherung	*Mein lokaler Berater XY*

Genau das muss Ihr Ziel sein. Man muss sich an Sie erinnern, wenn es darauf ankommt. Natürlich müssen Sie auch weiterhin aktiv auf Kunden zugehen, um erfolgreiche Versicherungsgeschäfte zu tätigen. Doch genauso müssen die Kunden auf Sie zukommen, sobald sie einen Bedarf haben. Dann dürfen sich Ihre Kunden nur an Sie erinnern und nicht an Ihren Wettbewerber. Das ist ein langwieriger Weg, keine Frage. Die Frage ist nicht, ob Sie diesen Weg gehen wollen, sondern wie lange Sie es sich leisten können, ihn nicht zu gehen.

Bevor Sie sich als Marke erfolgreich positionieren, müssen Sie zunächst sich selbst wertschätzen. Mehr noch, Sie müssen sich lieben. Schon der römische Philosoph Seneca (65 n. Chr.) erkannte: *„Wenn Du geliebt werden willst, liebe!"* Nur wer sich selbst liebt, wird von anderen Menschen gemocht. *„Sich selbst zu lieben, ist der Anfang einer lebenslangen Leidenschaft",* hat der irische Dichter Oscar Wilde gesagt. Diese Leidenschaft braucht es, um sich als lokale Marke zu positionieren und so auch wahrgenommen zu werden. Der Berufsstand Versicherungsberater, der so extrem wichtig ist, kämpft seit Jahrzehnten um (s)einen guten Ruf. Mit wenig Erfolg. Solange ich mir die jährlichen

Veröffentlichungen zu den Themen Vertrauen, Glaubwürdigkeit und Verlässlichkeit anschaue, landen Politiker und Versicherungskaufleute auf den letzten Plätzen. So auch in 2014, wie die folgende Grafik unterstreicht.

Vertrauen der Deutschen in Berufsgruppen:
(Vertraue voll und ganz/überwiegend)

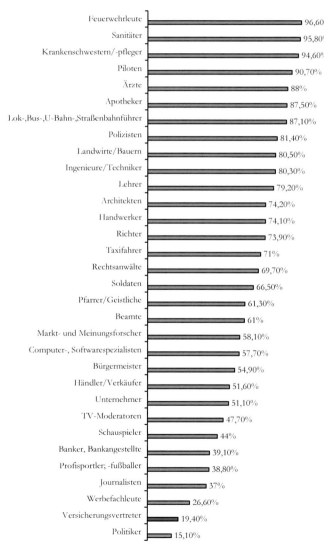

(Quelle: GFK-Verein; GFK Trust in Professions)

Doch machen wir es uns schlichtweg zu leicht, würden wir allein einer solchen Statistik trauen. Es gibt Zahlen, die nun nicht gerade das Gegenteil beweisen, die aber belegen, dass die Kunden durchaus zufrieden sind mit ihren Versicherungsberatern (gebundene wie ungebundene) und den von ihnen vertretenen Gesellschaften. Das zeigt das Ergebnis einer Kundenbefragung des Deutschen Instituts für Service-Qualität (DISQ)[2]. Danach zeigt die Branche im Durchschnitt eine gute Beratungsleistung. In den Gesprächen traten die Berater freundlich und motiviert auf. Dabei präsentierten sie sich weitgehend glaubwürdig und kompetent. Nur bei einem der 150 Beratungsgespräche erhielt der Kunde eine falsche Auskunft.

Darauf darf die Branche sehr stolz sein!

Gerade aus deshalb, weil die Kunden nach Versicherungsberatern verlangen.

Seit 2004 ist das Vertrauen der Versicherungskunden in die Versicherungsgesellschaften um zehn Prozent auf insgesamt 79 Prozent gestiegen. Dies geht auch mit einer größeren Versicherungsausstattung als noch vor 15 Jahren einher. Die „YouGov-Studie Service-Architektur 2025[3] zeigt ebenfalls, dass der Service- und Beratungswunsch von Versicherungskunden in den vergangenen 20 Jahren deutlich zugenommen hat. Drei Viertel der Versicherungsnehmer möchten

hochwertigen Service und eine gute Beratung.

1994 waren es nur zwei Drittel. Eine weitere Information aus dieser Studie zeigt, dass Sie als Versicherungsberater auf gutem Weg sind. Dazu sagt der der Vorstand und Leiter der Finanzmarktforschung bei Yougov:

> *„Die Bepreisung nur im Falle eines Versicherungsabschlusses über die Provisionen wird von vielen Kunden als angemessener Preis für die erfolgreiche Dienstleistung angesehen..."*

In einer weiteren Umfrage[4] wurde Versicherungsnehmern die Frage gestellt, wie zufrieden sie mit ihren Anbietern sind. Danach schnitten die deutschen Versicherer insgesamt befriedigend ab. Mit dem Service der Versicherer zeigten sich rund zwei Drittel der Befragten eher oder sehr zufrieden. Auf die größte Zustimmung stieß die Qualität der Produkte, die von gut 77 Prozent der Kunden positiv bewertet wurde. Als aus Kundensicht größte Schwäche stellte sich die mangelnde Transparenz und Produkt-Verständlichkeit heraus. Rund 36 Prozent, und damit mehr als ein Drittel der Befragten, waren in diesem Punkt gegenüber ihrem Anbieter geteilter Meinung oder sogar ausdrücklich unzufrieden.

Service macht bekanntlich den Unterschied, und hier können Sie sich als lokaler Berater optimal positionieren. Auch wenn das Internet allgegenwärtig zu sein scheint, so wird es die persönliche Beratung mit erstklassigem Service vor Ort nie ersetzen können. Diese Entwicklung ist, natürlich nur bedingt, vergleichbar mit der Einführung des Fernsehers. Erstmals einer staunenden Öffentlichkeit vorgeführt, war man sich sicher, dass das Radio schon bald ausgedient haben würde. Als das Internet seinen Siegeszug startete, war man ebenfalls der Meinung, dass der TV-Videotext schon bald Geschichte sein würde. Wir wissen, dass es anders gekommen ist. Alles ist noch vorhanden und wird täglich millionenfach genutzt.

Somit wird es Kunden geben, die ihre Versicherungen über das Internet abschließen, und Kunden, die Sie als lokalen Partner wertschätzen. Das sind die Kunden, um die Sie sich verstärkt kümmern müssen, die Ihre Wertschätzung verdient haben. Dann haben Sie sehr gute Chancen, sich als Marke zu positionieren. Eine gemeinsame Studie[5] von Allianz Deutschland AG, Google und GfK Panel Services hat ergeben:

85 Prozent aller Versicherungskunden schließen bei einem Vermittler ab!

Von dieser Zahl träumt das Internet und mit ihm die „Online-Versicherer". Der Anteil der Online-Abschlüsse stieg von 5,1 Prozent im Jahr 2004 auf 15 Prozent 2012[6]. 40 Prozent der Neukunden mit Internetzugang informierten sich im Vorfeld online. Die Mehrzahl der Kunden blieb bei Information und Kauf noch offline.

Bleiben Sie online – also in ständigem Kontakt zu Ihren Kunden, indem Sie weiterhin das persönliche Gespräch suchen.

Die Tatsache, dass 85 Prozent aller Versicherungskunden ihren Vermittler dem Internet vorziehen, beweist, dass der Mensch kein Homo oeconomicus, also ein ausschließlich wirtschaftlich denkender Konsument, ist. Der Mensch ist in erster Linie Mensch, so wie es Herbert Grönemeyer in seinem Song „Mensch" bestens besingt: *„Und der Mensch heißt Mensch, weil er vergisst, weil er verdrängt und weil er schwärmt und stählt. Weil er wärmt, wenn er erzählt, und weil er lacht…".* Emotionen, die in einem persönlichen Gespräch zum Ausdruck kommen, können im Internet nicht widergespiegelt und aufgefangen werden.

Wobei es eben nicht nur Ihre Aufgabe ist, auf Nachfrage des Kunden zu reagieren, sondern selbst aktiv zu werden. Überraschen Sie Ihre Kunden mit Produkten und Dienstleistungen, von denen sie noch gar nicht wussten, dass sie sie brauchen. Ich nenne es das „Steve Jobs"-Prinzip. Der leider inzwischen verstorbene Unternehmer Steve Jobs, für mich ein Universalgenie, das Apple zu einem der bedeutendsten Multimedia-Unternehmen der Welt aufbaute, glänzte mit Produktinnovationen, von denen niemand wirklich geglaubt hatte, dass so etwas gebraucht werden würde. Steve Jobs fragte nicht den Markt, was gebraucht wurde. Er schaffte sich die Märkte selbst. Erst mit dem Mac, dann mit dem iPhone, später folgte das iPad, welches er wenige Monate vor seinem Tod (6. Oktober 2011) am 27. Januar 2010 einer staunenden Öffentlichkeit vorstellte. Für diese „Spielerei" sahen die „sogenannten Experten" überhaupt gar keinen Markt. Fast 200 Millionen verkaufter iPads in weniger als vier Jahren dürften inzwischen jeden Experten eines Besseren belehrt haben. Kein Wunder also, dass das Unternehmen 2014 zu den wertvollsten Unternehmen der Welt gehört. Sein Börsenwert notierte am 30. Juni 2014 bei mehr als 560,3 Milliarden US-Dollar. Eine starke Marke eben. Die geht sogar so weit, dass der Europäische Gerichtshof in Luxemburg entschieden hat, dass die Gestaltung der weltweit rund 400 Apple Flagship-Stores im Prinzip als Marke geschützt werden können.

Würde Apple einer „Marke" nicht die Bedeutung beigemessen, die von ihr ausgeht, das Unternehmen hätte wohl kaum vor dem EU-Gerichtshof geklagt. Solche Entwicklungen zeigen, dass eine Marke ein extrem wichtiger Umsatzbringer ist und ein Garant für eine stabile Gewinnentwicklung.

Verstehen Sie mich richtig: Als lokaler Partner ist es nicht Ihre Aufgabe, Produkte zu entwickeln. Das können die von Ihnen vertretenen Versicherungsgesellschaften viel besser. Es geht darum, neue Märkte zu erschließen, eben mit den Produkten Ihrer Vertragspartner, die Ihre Kunden noch nicht kennen.

Um dieses Ziel zu erreichen, sind sieben Schritte notwendig:

1. Der Kunde muss Sie erkennen und ein klares Bild von Ihnen haben
2. Der Kunde muss wissen, wofür Sie stehen (Positionierung)
3. Der Kunde muss Ihr Dienstleistungsangebot kennen
4. Der Geschäftssitz muss zu Ihrem Anspruch passen
5. Sie müssen den Kunden und sein Leben kennen (emotionale Bindung)
6. Sie müssen ein aktives Empfehlungsmarketing betreiben
7. Sie müssen durch aktive Werbung das Interesse Ihrer Zielgruppe auf lokaler Ebene fördern und stärken

Schauen wir uns die sieben Schritte nun im Einzelnen an, verbundenen mit einer Bitte: Das Lesen und damit das Wissen um diese Schritte werden Sie allein nicht wirklich voranbringen. Sie müssen die Vorschläge anwenden.

Sagen ist bekanntlich nicht tun.

Deshalb ist es so wichtig, dass Sie nach jedem Schritt sofort festlegen, wie Sie die neuen Erkenntnisse umgehend gewinnbringend auf lokaler Ebene anwenden können. Wobei ich an dieser Stelle betonen möchte, dass ich in diesem E-Book die Themen auf das Wesentliche reduziere.

Deutlich mehr Informationen erhalten Sie in meinem Buch:

www.thomas-oetinger.de

Mit diesen

Erfolgsfaktoren zur lokalen Marktführerschaft für freie und gebundene Versicherungsberater

1.
Der Kunde muss Sie erkennen und ein klares Bild von Ihnen haben

„Wie du kommst gegangen, so wirst du empfangen."

Redensart

Wir Menschen müssen oft innerhalb von Nanosekunden folgerichtige Entscheidungen treffen. Ob im Straßenverkehr, bei einem Verkaufsgespräch, in Kennenlerngesprächen etc., wir haben oft gar nicht die Zeit, lange zu überlegen. Tatsächlich sind wir aufgrund unserer Gehirnstruktur in der Lage, extrem schnell zu denken und zu handeln. Dazu schreibt der Heidelberger Psychologe Prof. Dr. Henning Plessner[7]:

> *„Seit langem ist bekannt, dass unser Bewusstsein nur einen winzigen Tropfen im Meer des geistigen Geschehens ausmacht. Die auf uns einströmenden Reize des Alltags – selbst wenn wir auf einer Wiese liegen und in den Himmel schauen – sind mit elf Millionen Sinneseindrücken pro Minute zu überwältigend, um ganz erfasst zu werden. Nur rund 40 davon ist das Bewusstsein imstande gleichzeitig aufzunehmen. Der Rest prallt dennoch nicht an uns ab, sondern wird unterschwellig mitgeführt und als wertvoller Erfahrungsschatz im Unterbewusstsein gehortet."*

Unser Unterbewusstsein bedient sich dabei seiner eigenen Sprache, der Bildsprache. 90 Prozent der Umwelt nehmen wir über die Augen wahr. Dafür muss unser Gehirn 60 Prozent seiner Leistung für die Verarbeitung des Gesehenen aufwenden. Deshalb ist es in der Lage, aus Bildern Informationen zu ziehen, die wir mit unserem „wachen" Verstand niemals erkennen würden, was sich an einem einfachen Beispiel verdeutlichen lässt:

Das Erste, was Sie auf diesem Bild bewusst wahrnehmen dürften, ist das auf dem Trockenen liegende Boot. In derselben Zeit, in der Sie sich mit dem Boot „beschäftigen", hat Ihr Unterbewusstsein das gesamte Bild komplett verarbeitet. Detailliert erfasst es die Farbe des Sandes und seine Körnung, die Farbe und Länge des Baumbestandes im hinteren Teil des Bildes. Es weiß um die Farbe des Wassers, den Zustand der Wellen und damit auch um das Wetter. Während Sie also nur das Boot registrieren und im zweiten Schritt „das Drumherum", hat Ihr Unterbewusstsein schon Millionen von Daten aus diesem Bild gezogen. Allein diese Daten würden ausreichen, damit ein Buch zu füllen – wohlgemerkt, es ist nur ein Bild, und wir sehen tausende Bilder in jeder Stunde. Real und in der virtuellen Welt des Internets.

Dieser Exkurs in die Welt der Bildverarbeitung beweist eine Redensart, deren Ursprung weit vor dem Zeitalter der Medizintechnik liegen dürfte:

„Ein Bild sagt mehr als tausend Worte."

Deshalb arbeiten erfolgreiche Versicherungsberater nicht nur mit Bildern, sie bemächtigen sich auch der Bildsprache. Denn Kommunikation ist immer ganzheitlich, d. h., Sie wirken auch dann, wenn Sie nicht wirken wollen. Diese Feststellung traf der Kommunikationswissenschaftler und Psychoanalytiker Paul Watzlawick (1921 - 2007), die er in einem einzigen Satz zusammenfasste: *„Man kann nicht nicht kommunizieren".* Die Wissenschaftler Albert Mehrabian und Ferris kommen in ihrer Studie „Inference of Attitude from Nonverbal Communication in Two Channels"[8] aus den 1970er Jahren zu derselben Feststellung. Sie fanden heraus, dass die Wirkung auf andere zum größten Teil (55 Prozent) durch die Körpersprache bestimmt wird. Unbewusst „scannt" der Gesprächspartner die Körperhaltung seines Gegenübers genauso wie die Gestik und den Augenkontakt. 38 Prozent des Effekts erzielen Sie durch die Stimmlage und nur 7 Prozent durch den Inhalt. Mit anderen Worten:

„Ihre Erscheinung ist wichtiger als das, was Sie sagen."

Es kommt auf den Gesamteindruck an, den wir bei anderen hinterlassen und nicht nur auf die paar Worte, die in dieser Zeit gewechselt werden.

Ihr Bild auf einer Visitenkarte, in der Hauszeitschrift, auf der Internetseite schafft Vertrauen, positioniert Sie als Persönlichkeit und Experten.

Wichtig: Sie müssen authentisch sein und Ihre Persönlichkeit auch ausstrahlen. Ein Lächeln wie auf dem typischen Passfoto reicht da nicht. Gestik, Mimik, und vieles mehr entscheiden, ob Sie als Person sympathisch oder unsympathisch wahrgenommen werden. Nehmen Sie sich für diese Aufnahme viel Zeit. Ein gutes Foto entsteht nicht zwischen Tür und Angel. Es entwickelt sich mit jeder Aufnahme – bis zum finalen Top-Foto.

Dieses Bild speichert der Betrachter unbewusst ab. Wie erwähnt reicht die Betrachtung eines Bildes, um dieses Ziel zu erreichen. Wenn der Interessent und potenzielle Kunde weiß, wofür Sie stehen, wird er auf Sie zukommen, damit Sie ihm bei der Lösung seines Problems helfen.

Wenn Sie Ihr Unternehmen alleine führen und temporär Aushilfskräfte einsetzen, dann reicht Ihr Bild für die Außendarstellung. Wenn Sie hingegen eine größere Agentur mit mehreren Mitarbeitern führen, sollte das gesamte Kompetenzteam mit Namen und „Expertenstatus" vorgestellt werden.

LEISTUNGSFÄHIGKEIT
KOMPETENZ
PRAXISERFAHRUNG
MENSCHENVERSTEHER

2.
Der Kunde muss wissen, wofür Sie stehen (Positionierung)

„Wenn man auf ein Ziel zugeht, ist es äußerst wichtig, auf den Weg zu achten. Denn der Weg lehrt uns am besten, ans Ziel zu gelangen, und er bereichert uns, während wir ihn zurücklegen."

Paulo Coelho

Ich nenne Ihnen einige Namen von Persönlichkeiten, die Ihnen allesamt bekannt vorkommen sollten. Hierzu finden Sie auf der nächsten Seite eine Tabelle. Ich habe diesen Persönlichkeiten ihre Berufe zugeordnet, mit denen sie reich und berühmt wurden.

Ihre Berufung macht Sie zu Legenden:

Legenden	Ihre „Berufung"
Franz Beckenbauer	Tennisspieler
Michael Schumacher	Stabhochspringer
Karl Lagerfeld	5-Sterne-Koch
Veronika Ferres	TV-Moderatorin
Steffi Graf	Marathonläuferin
Peter Maffay	Hürdenläufer
Angela Merkel	Bürgermeisterin
Thomas Gottschalk	Stuntman
Alfred Biolek	Lokomotivführer

Sie erkennen auf Anhieb, dass keine dieser Zuordnungen stimmt. Warum erkennen Sie, dass ich in dieser Aufstellung geflunkert habe?

Weil Sie genau wissen, wofür diese Persönlichkeiten stehen, über welche Erfahrungen sie verfügen und natürlich, mit was sie sich einen Namen gemacht haben. Kurzum: Diese Menschen haben sich am Markt erfolgreich positioniert und werden hier als die Experten wahrgenommen.

Thomas Gottschalk war Lehrer, später beim Radio und mehr als 15 Jahre als Moderator von „Wetten, dass..." tätig. Keine größere Gala-Veranstaltung kam ohne seine Moderation aus. Mit anderen Worten: Wird für ein herausragendes Ereignis eine Moderatoren-Persönlichkeit gesucht, die diese Position bestmöglich besetzen kann, wird mit Sicherheit Thomas Gottschalk als einer der Ersten gefragt werden. Und der kann so ganz nebenbei dann auch noch ein nicht unerhebliches Honorar für seine Tätigkeit verlangen, denn:

Experten werden besser bezahlt als der Durchschnitt.

Wer sich nach außen klar und deutlich positioniert, ist seinen Konkurrenten mehr als nur die sprichwörtliche Nasenlänge voraus. Ob als Schauspieler, TV-Moderator oder Versicherungsberater, der Wettbewerbsdruck ist überall gleich groß. Chancen hat deshalb nur der, der sich zu einhundert Prozent positioniert hat, über Expertenwissen verfügt und damit zur Marke wird.

Natürlich müssen Sie als lokaler Versicherungsberater mindestens die Grundversorgung Ihrer Mandanten mit den „überlebenswichtigen" Versicherungen abdecken, wie z. B. Haftpflichtversicherung, Hausrat, Auto etc. Je nach Agenturausrichtung und -größe gehe ich davon, dass Sie mit diesen Routineaufgaben bis zu 80 Prozent Ihrer Zeit verbringen, sodass nur noch 20 Prozent für andere, gewinnbringendere Produktberatungen übrigbleiben. Im besten Fall erwirtschaften Sie mit diesen 20 Prozent 80 Prozent Ihres Gesamtumsatzes, während die restlichen 80 Prozent Zeiteinsatz nur mit 20 Prozent Umsatz zu Buche schlagen.

Grämen Sie sich nicht. Das ergeht anderen auch so.

Sie alle sind Opfer des „Pareto-Prinzips", benannt nach seinem „Entdecker" Marquis Vilfredo Pareto, einem italienischen Nationalökonom. 1897 fand er heraus, dass 20 Prozent der italienischen Familien 80 Prozent des italienischen Volksvermögens besaßen. Er entdeckte Parallelen zu anderen Systemen. So stellte er beispielsweise für den Handel fest, dass 20 Prozent des Warenbestandes 80 Prozent des Umsatzes bringen, während 20 Prozent der Kunden 80 Prozent des Umsatzes machen, aber 80 Prozent der Kunden nur 20 Prozent Warenumsatz schaffen.

Wenn Sie die Möglichkeit haben, in den nächsten Wochen ganz genau hinzuschauen, wie oft Sie mit umsatzbringenden Kunden sprechen, werden Sie vielleicht feststellen, dass es rund 20 Prozent Ihrer Kunden sind, mit denen Sie 80 Prozent Ihres gesamten Umsatzes erwirtschaften, während 80 Prozent der Kunden, die bei Ihnen nicht mehr als die „Grundversorgung gebucht" haben, mit nur 20 Prozent zum Umsatz beitragen. Diese „Gruppe" kostet Ihre wertvolle Zeit. Ändern Sie dieses Verhältnis.

Investieren Sie mehr Zeit in umsatz- und gewinnbringende Versicherungskunden, denn:

„**Time is money!**"

Delegieren Sie, soweit es möglich ist, sämtliche Aufgaben und Arbeiten in Sachen „Grundversorgung" an andere Mitarbeiter im Team. Sollten Sie bisher alleine arbeiten, prüfen Sie, ob eine Halbtagskraft auf 450 Euro-Basis Ihnen diese Arbeit weitestgehend abnehmen kann. Damit schaffen Sie sich Freiräume, um sich zum einen um die wirklich wichtigen Kunden zu kümmern. Zum anderen, um sich als Marke zu positionieren. Sie werden sehen, dass dadurch Umsatz und Gewinn steigen, sodass es ein Leichtes ist, die Mehrkosten für die Halbtagskraft zu kompensieren.

Positionieren Sie sich als Experte für eine oder mehrere Zielgruppen, wie z. B. Unternehmer, Familien, „50plus" oder definierte Risikothemen wie z. B. Sachrisikoschutz und Personenrisikoschutz. Arbeiten Sie sich in diese Materie so weit ein, dass Ihre Konkurrenz Bauklötze staunt, wenn

es zu einem direkten Vergleich kommt. Das ist am Anfang aufwendig, zahlt sich aber langfristig aus. Im anderen Fall bleiben Sie „der typische Versicherungsberater", der sich von den anderen in der Stadt nicht unterscheidet und weiterhin im Klein-Klein-Geschäft den Rettungsanker sieht, mit seiner Agentur nicht unterzugehen. Ich nenne sie die „Tante Emma-Verkäufer". Die Kümmerer, die nie „Nein" sagen können und glauben, für alles eine Lösung haben zu müssen. Dieses „Krämer-Denken" kann in einem wirtschaftlichen Desaster enden.

Sie bieten gerade einmal das Nötigste, um die Grundversorgung sicherzustellen. Ihr Angebot ist schmal, der Warenbestand gering, sie sind teurer als der Durchschnitt und es fehlt ein herausragendes Alleinstellungsmerkmal, das den Umsatz und den Gewinn bringt.

www.thomas-oetinger.de

3.
Der Kunde muss Ihr Dienstleistungsangebot kennen

„Wer allen vieles bietet, bietet vielen wenig!"

Willy Meurer

In einem Blumenfachgeschäft bekommen Sie Blumen. In einem Lebensmittelgeschäft Mittel zum Leben und an der Tankstelle tanken Sie Kraftstoff. Doch während Sie beim Lebensmittelhändler keinen Diesel oder Benzin finden, können Sie beim Tankstellenpächter Ihren gesamten Wochenendeinkauf an Getränken und Lebensmitteln durchführen.

Mit diesen sieben Erfolgsfaktoren zur lokalen Marke

Nichts ist heute mehr so klar, wie es auf den ersten Blick erscheint. Es gibt sie nicht mehr, diese klaren „Eindeutigkeiten". So können Sie heute beim größten Online-Buchhändler der Welt nicht nur Bücher kaufen, sondern fast alles. Kleidung, Schuhe, Waschmaschine, Computer etc. Ein anderes Modehaus, das Frauen vor Glück schreien lässt, fing mit Schuhen an und liefert heute ebenfalls die komplette Breite aller großen Modelabel und vieles andere mehr.

Da ich davon ausgehe, dass Ihre Agentur nicht zu den größten der Welt zählt, ist es für Sie natürlich ungleich schwerer, potenzielle Kunden und Interessenten über Ihre Dienstleistungen zu informieren. Diese gehen naturbedingt davon aus, dass Sie „nur" Versicherungen verkaufen, so wie viele andere auch. Also bieten Sie wahrscheinlich Beratung in Sachen

> *„Berufsunfähigkeitsversicherung, Hinterbliebenenschutz, Haftpflichtversicherung, Unfallversicherungen, Rechtsschutzversicherungen, Kindervorsorge und -versicherung, Hausratversicherung, Glasversicherung, KFZ-Versicherung, Wohngebäudeversicherung, Krankenvollversicherung, Krankenzusatzversicherung, Zahnzusatzversicherung, Pflegeversicherung, Basis-Rentenversicherung, Riester-Versicherung, Betriebliche Altersvorsorge, Vermögenswirksame Leistungen."*

Diese Aufzählung ließe sich unendlich weiterführen, doch könnte sie verwirrender nicht sein. Würde ein ratsuchender Kunde in Ihren Unterlagen und in Ihrer Außendarstellung Ihrer Agentur all diese tollen Angebote, die hier feilgeboten werden, lesen, er würde wahrscheinlich keinen Schritt über die Türschwelle setzen. Zum einen wirkt es unglaubwürdig, wenn jemand von sich behauptet, Experte für alles zu sein. Zum anderen kommen potentielle Versicherungskunden nicht mit einem ganzen Rucksack voller Anforderungen, sondern häufig mit einem aktuellen Problem, das sie gelöst haben wollen.

Weniger ist manchmal mehr. Deshalb reduzieren erfolgreiche Versicherungsberater die obige Aufzählung, indem sie nur einige Schlagwörter verwenden, die für jedermann allgemeinverständlich sind, wie z. B.:

- Sachversicherungen
- Personenversicherungen
- Vermögensaufbau
- Altersvorsorge

Machen Sie sich die heutige Technik zunutze und überfallen Sie Ihre Kunden im Vorfeld nicht mit allen möglichen Angeboten. Konzentrieren Sie sich zunächst auf das Problem. Lösen Sie es nach einer detaillierten Analyse mit einem Produkt aus Ihrem Angebot. Damit haben Sie für den Augenblick den Kunden zufriedengestellt.

Danach tun Sie etwas, was die Masse der Berater wie Verkäufer aller Branchen unterlässt.

Egal, wie wenig Sie an diesem Kunden verdient haben, rufen Sie ihn zwei bis drei Tage später an, um seiner Kaufreue zu begegnen. Aufmerksame Versicherungsberater wissen um die „selbstzerstörerischen" Kräfte, mit denen sich ein Kunde nach einer Kaufentscheidung herumplagt. Deshalb suchen sie in den Tagen nach der Vertragsunterschrift das Gespräch mit ihm. Das Gespräch – nicht die Kommunikation. Dieser Unterschied ist mir wichtig. Im digitalen Zeitalter glauben viele Verkäufer und Berater, die Sorgen und Ängste ihrer Kunden mit einer E-Mail oder einem Brief aus der Welt zu schaffen. Darin sieht der Kunde sich nur als „einer unter vielen" bestätigt. Versicherungsberater greifen zum Telefonhörer und sprechen direkt mit dem Kunden. Sie bestätigen ihn in seiner Entscheidung, warten mit neuen Informationen auf und präsentieren eine Art „Belohnung".

Diese „Belohnung" ist wichtig, weil sie beim Beschenkten Glücksgefühle auslöst. *Schuld* daran ist das körpereigene Rauschmittel Dopamin. Dieses wird u. a. dann freigesetzt, wenn der Mensch „überrascht" wird. Diese Substanz regt besonders die Zentren im Gehirn an, die das Verhalten, die Motivation und die Lernfähigkeit steuern. An dieses Glücksgefühl wird sich Ihr Kunde lange erinnern.

Kunden brauchen diesen Kontakt mit Ihnen (zur Erinnerung: Der Mensch ist Mensch…). Das zeigt auch das Ergebnis einer Studie[9] für die Versicherungsbranche:

> *„… Kunden sind zufriedener, je öfter sie Kontakt zu ihrem Versicherungsvermittler haben. Dabei wiesen die Versicherungsnehmer die höchste Zufriedenheit auf, bei denen die Initiative für den Kontakt nicht von ihnen, sondern von Vermittlerseite ausging."*

Suchen Sie den Kontakt und Sie haben die beste Möglichkeit, Schritt für Schritt, und damit für den Kunden in leicht „verdaulichen" Portionen, Ihr Dienstleistungsangebot zu unterbreiten.

www.thomas-oetinger.de

4.
Der Geschäftssitz muss zu Ihrem Anspruch passen

*„Je mehr Vergnügen du an deiner Arbeit hast,
desto besser wird sie bezahlt."*

Mark Twain

Die Art und Weise, wie Sie Ihr Büro führen, sagt sehr viel über Ihre Persönlichkeit aus. Je unaufgeräumter Ihr Schreibtisch, desto größer die Gefahr, dass Sie auch sonst nicht so gut organisiert sind. Gleiches gilt für Blumen im Büro. Je satter ihr Grün, desto mehr spricht das für Sie. Denn Blumen brauchen Zuwendung und Wasser. Vertrocknete Blumen stehen somit für das Gegenteil. Dieser traurige Anblick hinterlässt beim Betrachter zwangsläufig einen negativen Eindruck.

Mit diesen sieben Erfolgsfaktoren zur lokalen Marke

Versicherungen – das ist ein Geschäft auf Vertrauensbasis. Insofern kann ein zu großes Durcheinander in Ihrer Agentur bei Ihren Besuchern zu Irritationen führen.

Letztlich geht es doch darum, dass Sie produktiv und erfolgreich Ihren Job erledigen wollen. Deshalb ist es sehr wichtig, dass Sie sich an Ihrem Schreibtisch wohl fühlen. Je aufgeräumter und organisierter Ihr Arbeitsplatz, desto besser wird das Verhandlungsergebnis. Alle störenden Gegenstände haben hier nichts zu suchen. Unerledigte Papiere gehören in den entsprechenden Ablagekorb, um beizeiten bearbeitet zu werden. Die wichtigste Mappe ist der so genannte Pult-Ordner. Hier sortieren Sie alle Unterlagen, insbesondere die Tagespost, zunächst nach ihrer Bedeutung. Ordnen Sie die Unterlagen nach wichtig und dringend. Wichtig sind die Dinge, die Sie Ihren Zielen näher bringen. Die so genannten dringenden Dinge, oft administrative Aufgaben, werden danach abgewickelt.

Auch wenn Sie als Versicherungsberater häufiger beim Kunden vor Ort sind, so werden Sie Momente haben, in denen der Kunde zu Ihnen in Ihre Agentur kommt. Sind Sie darauf eingestellt? Welches Bild erwartet ihn hier? Dieses?

Oder dieses?

Hand aufs Herz: Wo würden Sie sich als ratsuchender Kunde sicherer aufgehoben und wohler fühlen?

Einen maßgeblichen Anteil an Ihrer und der persönlichen Befindlichkeit Ihrer Kunden nehmen die Räumlichkeiten ein. Das beginnt mit dem Empfangsbereich und endet mit der Ausstattung des Büros. Die beste Leistung lässt sich realisieren, wenn Sie einige Grundregeln beachten:

1. lichtdurchfluteter Raum
2. helle und freundliche Farben an Wand, Decke und natürlich auch beim Inventar
3. der Schreibtisch sollte eine Arbeitsfläche von mindestens 160 x 80 cm haben und die Höhe an die eigene Körpergröße angepasst sein
4. nur echte Pflanzen aufstellen
5. für gutes Raumklima sorgen (Duft)

Mit diesen sieben Erfolgsfaktoren zur lokalen Marke

Neben dem so genannten stationären Büro gibt es auch noch Ihr mobiles Büro. Ihr Auto ist so etwas wie Ihr fahrbares Büro. Dass ich das an dieser Stelle überhaupt erwähnen muss, stimmt mich schon nachdenklich. Sie glauben gar nicht, wie oft ich überrascht werde, wenn ich mir die Autos einiger Versicherungsberater anschaue. Die Optik der Fahrzeuge lässt häufig zu wünschen übrig.

Dabei verbringen viele Versicherungsberater einige Stunden am Tag im Auto und damit häufig mehr als am heimischen Schreibtisch. Deshalb gelten für ein Auto meine obigen Bedingungen gleichermaßen. Sie können sich in einem dreckigen Auto nur bedingt wohlfühlen, ganz zu schweigen von den damit verbundenen Gefahren für Ihre Kleidung. Wenn Essensreste auf den Sitz fallen, besteht immer die Gefahr, dass Sie auch Ihr Hemd, Ihre Hose oder Ihr Jackett mit Fettflecken beschmutzen. Ist Ihnen schon einmal jemand begegnet, der einen schicken Anzug trug, der aber durch einen kleinen Fettfleck verunstaltet war? Dann werden Sie wissen, dass Sie immer wieder auf diese Stelle schauen, ob Sie wollen oder nicht. Durch diese „kleine" Peinlichkeit wird jeder Gesprächspartner immer wieder abgelenkt. Wer sich ablenken lässt, ist nur noch halb bei der Sache. In einem Verkaufsgespräch ist das kontraproduktiv. Saubere Kleidung ist deshalb ein unbedingtes Muss.

Achten Sie auf eine saubere Arbeitsumgebung. Ihr Auto sollte innen wie außen in perfektem Zustand sein. Darüber hinaus sollten Sie wirklich alles im Auto haben, was für ein erfolgreiches Verkaufsgespräch wichtig ist. Prospekte, Vertragsunterlagen und sonstige Papiere sind natürlich in einer entsprechenden und gut gesicherten Hängeregistratur untergebracht. Denken Sie immer daran: Zeit ist Geld. Nichts ist schlimmer als zu wissen, dass man entsprechende Unterlagen im Auto hat, aber nicht weiß, in welcher Ecke oder unter welchem Sitz diese gerade liegen. Mit einer gut beschrifteten Registratur, die es für wenige Euro im Fachhandel zu kaufen gibt, vermeiden Sie diese Zeitfresser.

5.
Sie müssen den Kunden und sein Leben kennen

„Was lang leben will, muss dienen, was aber beherrschen will, das lebt nicht lange."

Hermann Hesse

Kunden kennen bedeutet mehr, als nur die Geburtsdaten, den Familienstand, die Zahl der Kinder und das Wohnumfeld zu kennen. Über diese Informationen verfügen andere Versicherungsberater auch. Viel wichtiger sind Informationen, die Ihre Kunden so gar nicht gern in die Öffentlichkeit tragen, sondern nur ihren Freunden und Verwandten anvertrauen würden. Es gilt, das Vertrauen Ihrer Kunden zu erarbeiten – damit Sie zu einem engen „Vertrauten" werden.

Kunden kennen heißt, heute schon zu wissen, welche Herausforderungen sie morgen zu bewältigen haben werden. In einem Interview erklärt Prof. Dr. Markku Wilenius, Senior Advisor Group Economic Research and Corporate Development der Allianz SE, warum der sprichwörtliche Blick über den Tellerrand immer wichtiger wird[10]:

> *"Wir erwarten ein Jahrzehnt, in dem Kunden an Macht gewinnen und Unternehmen mehr denn je gefordert sein werden, individuelle Lösungen anzubieten – mit messbaren Resultaten für den Kunden. Das Verhältnis zwischen Kunden und Unternehmen wird sich verändern. Die neue Partnerschaft zwischen Kunden und Dienstleister verlangt eine andere Art der Interaktion… Der Konsument gewinnt gegenüber dem Unternehmen an Macht – erkennt aber auch dessen Bedeutung als Serviceanbieter und Experte an: Da das Leben komplexer und Zeit ein knapperes Gut werden wird, gewinnen persönliche Hilfeleistungen bzw. Assistance an Bedeutung. Kunden suchen zusehends Hilfe bei Coaches, Beratern und Therapeuten, um wichtige Entscheidungen an vertrauenswürdige Quellen auszulagern. Die Qualität der Beratung sowie das Zuschneiden der Serviceleistung auf individuelle Bedürfnisse werden hier zu den Schlüsselqualifikationen des Unternehmens zählen."*

Eine großartige Chance für Sie als Versicherungsberater – leisten Sie die Hilfe, nach denen Ihr Kunde verlangt.

Ein junger Familienvater, der sich soeben über die Geburt seines ersten Kindes freut, stellt natürlich alles andere hintenan. Er wird die nächsten Monate vollauf damit beschäftigt sein, sich um den Nachwuchs zu kümmern. In dieser Zeit dürfte seine Aufmerksamkeit nicht unbedingt seinen Versicherungen und Finanzen gehören. Dennoch müssen Sie „dran" bleiben, denn Leben bedeutet Veränderung. Was heute noch gilt, kann morgen schon überholt sein. Insofern suchen Versicherungsberater den Dialog mit ihren wichtigen Kunden zu allen Zeiten.

Wenn Sie Ihren Kunden kennen, sprechen Sie mit ihm z. B. vor der Geburt des Kindes über eine „Kinderabsicherung", um hier einen entsprechenden Vertrag abzuschließen. So ist die Familie bereits bei

Geburt des Kindes auf der sicheren Seite, während Sie nach der Geburt in aller „Freundschaft" ein „Babypaket" vorbeibringen.

Wenn sich im Leben der Menschen etwas verändert, denken sie über einen Risikoschutz nach. Das ist Ihre Chance, zielgerichtet entsprechende Versicherungsprodukte anzubieten, wie z. B. eine Ausbildungsversicherung.

Zudem ist dieses Vorgehen billiger, als ständig nach neuen Kunden Ausschau zu halten. Die Neukundenakquise zählt nämlich zu den größten Kostentreibern im Kundenmanagement. Das ist das Ergebnis einer Studie von Steria Mummert Consulting. Demnach ist es fünfmal so teuer, einen Neukunden zu akquirieren, wie einen Bestandskunden zu halten.

Die teuersten Kundenmanagementprozesse:

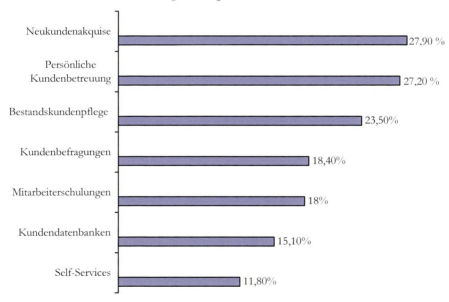

(Quelle: Steria Mummert Consulting)

Mit diesen sieben Erfolgsfaktoren zur lokalen Marke

Zu einem ähnlichen Ergebnis kommt Prof. Dr. Armin Töpfer von der Technischen Universität in Dresden. Neue Kunden zu gewinnen ist bis zu 600 Prozent teurer, als vorhandene zu halten

Dabei ist es so einfach, sich um seine „Bestands- wie Stammkunden" zu kümmern. Die meisten von ihnen wollen „wahrgenommen" werden. Sie wollen ihr Gefühl bestätigt sehen, dass Sie sich um sie kümmern, auch wenn aktuell kein Bedarf an neuen Produkten besteht. Nicht nur auf der sprichwörtlichen Matte stehen, wenn ein Geschäft winkt, sondern auch da sein, wenn einmal kein Geld zu verdienen ist. Wie an anderer Stelle aus einer Studie zitiert, erwarten die Kunden, dass der Kontakt von Ihnen als Versicherungsberater ausgeht.

Suchen Sie den Kontakt und Sie haben die beste Möglichkeit, Schritt für Schritt und damit für den Kunden in kleinen Häppchen, Ihr Dienstleistungsangebot zu unterbreiten.

Erfolgreiche Versicherungsberater kommen dem Wunsch nach Aufmerksamkeit nach. Mit sogenannten „Kuschelcalls" bringen sie sich bei ihren Kunden „dosiert" und damit alles andere als penetrant in Erinnerung. Diese „Calls" integrieren sie in ihren Büroalltag so, dass es ihnen leicht fällt, zwei dieser Gespräche täglich zu führen. Bei fünf Tagen in der Woche kommen so schnell zehn Gespräche zusammen. In einem Monat sind es rund 40 und damit im Jahr bis zu 500 „Calls".

In diesen Gesprächen lässt der Versicherungsberater den Kunden zu Wort kommen. Durch „offene" Fragen bringt er ihn zum Reden. Das ist wichtig, denn nur wer den anderen (aus)reden lässt und selbst gut zuhört, erfährt Neues, was für weitere Geschäfte von großem Nutzen sein kann.

Menschen haben einen Mund und zwei Ohren – wir können also besser hören als sprechen. Daran sollten wir immer im Verkaufsgespräch denken – zuhören ist das A&O. Denn bei einer geschlossenen Frage bekommen Sie keine Informationen wie in diesem Fall:

„Herr Mustermann, reicht Ihre Rente im Alter?" Diese Frage wird der Kunde nur mit einem *Ja* oder einem *Nein* beantworten. Insofern ist die Antwort ohne jeden Wert für Sie. Mit einer offenen Frage gibt es eine klare Antwort: *„Herr Kunde, wie viel Geld werden Sie im Rentenalter benötigen?"* Diese Frage wird er nicht mit Ja oder Nein beantworten können. Er wird eine Summe nennen. Darauf können Sie das weitere Gespräch aufbauen.

Achtung: Feierlichkeiten und familiäre Höhepunkte innerhalb der Familie Ihrer Kunden eignen sich im Besonderen für „KuschelCalls". Wenn ein wichtiger Geburtstag gefeiert wird, nutzen Sie diesen Anlass. Rufen Sie Ihren Kunden an und gratulieren Sie von ganzem Herzen. Doch vermeiden Sie unter allen Umständen, ihn auf geschäftliche Angelegenheiten anzusprechen. Dann wird Ihr Kunde mit an Sicherheit grenzender Wahrscheinlichkeit vermuten, Sie nutzen seinen Ehrentag für neue Geschäftsanbahnungen.

Wer an diesen Tagen den direkten Kontakt mit dem Kunden weniger sucht, versendet in jedem Fall eine Geburtstagskarte. Karten sollten auch an Weihnachten verschickt werden. Ganz originell sind Karten zum Namenstag mit Informationen zum Vornamen des Angeschriebenen. Für sehr gute Kunden lässt sich sogar die Herkunft des Nachnamens bestimmen. Diese Information wird er so schnell nicht vergessen – und Sie machen sich unvergesslich!

Auch in Sachen „Kaufreue" eignen sich Kuschelcalls. Besonders nach einem ersten Vertragsabschluss haben Sie als Versicherungsberater die Möglichkeit, durch Ihren „Call" das im Entstehen begriffene Vertrauensverhältnis zu stabilisieren und auszubauen.

Kuschelcalls bringen Sie und Ihre Kunden noch näher zusammen.

6.
Sie müssen ein aktives Empfehlungsmarketing betreiben

> *„So sehr ein Mann sich auch selbst empfiehlt, so sehr begünstigt die Empfehlung eines Freundes die ersten Augenblicke der Bekanntschaft."*
>
> Goethe

Erfolgreiche Versicherungsberater wissen:

„Wer überzeugen will, braucht einen Zeugen!"

Ihre zufriedenen Kunden sind die besten Zeugen und damit auch die wichtigsten Umsatzbringer.

Ich möchte Ihnen keinesfalls zu nahe treten, weiß ich doch, dass Sie ein sehr guter Versicherungsberater sind. Doch wer ist in Ihrem Unternehmen der mit Abstand beste Verkäufer bzw. Berater, der zudem auch noch fast umsonst für Sie arbeitet? Mitarbeiter wie freie Handelsvertreter können wir an dieser Stelle ausschließen. Sie machen mit Sicherheit einen guten Job, aber nicht unentgeltlich. Ihr bester Verkäufer ist der

aktive Empfehlungsgeber!

Leicht und ohne Streuverluste gelingt es ihm, Sie und damit Ihr Angebot vorzuverkaufen. Denn der Empfehlungsgeber genießt gegenüber dem Empfohlenen einen Vertrauensbonus. Seine Empfehlungen wirken glaubwürdig und neutral. Das schafft eine positive Grundstimmung, die am Ende in eine Kauflaune münden kann.

Eine Studie der Innofact AG fand heraus, dass 45 Prozent der Befragten angaben, Freunde, Familie und Bekannte nach einer Empfehlung zu fragen, wenn sie z. B. einen „guten" Handwerker benötigen.

Empfehlungsgeber

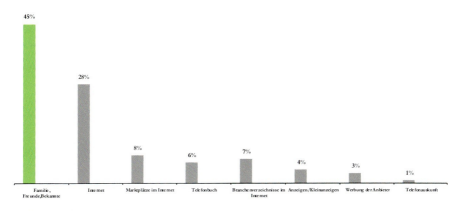

(Quelle: Studie der Innofact AG)

Entscheidungen zu treffen, ist nicht immer einfach. Das liegt am Zusammenspiel zweier Hirnregionen, wie Neurowissenschaftler in jüngeren Studien herausfanden. Medienangaben zufolge treffen wir Menschen täglich bis zu 10.000 Entscheidungen. Da ist natürlich die Angst groß, das Falsche zu tun. Auch die Angst vor den Konsequenzen unserer Entscheidung lähmt häufig unser Handeln.

Ob der Steuerberater, für den man sich entscheiden will, gut ist, lässt sich frühestens in einigen Monaten und nach der Steuerprüfung durch das zuständige Finanzamt beantworten. Erst Wochen nach dem Tragen einer neuen Brille lässt sich verbindlich sagen, inwieweit der Optiker einen guten Job gemacht hat. Ob ein Versicherungsberater zu dem steht, was er bei Vertragsabschluss versprach, zeigt sich vielfach erst im Schadensfall. Unternehmer, die mit einem Trainer ihr Unternehmen nach vorne bringen wollen, können die Erfolge erst Monate danach bewerten.

Wer all das vermeiden möchte, hört, wie viele, auf Freunde, Bekannte, Verwandte oder Kollegen. Dadurch lassen sich viel Leid, Ärger, Zeit und Geld sparen.

Eine Empfehlung ist ein sehr hohes Gut. Als Versicherungsberater müssen Sie sich das Vertrauen des Empfehlungsgebers erarbeiten – es wird Ihnen nicht geschenkt. Wobei ich an dieser Stelle von der aktiven Empfehlung spreche. Das Gegenteil ist die passive Empfehlung. Davon ist die Rede, wenn Sie z. B. im Sportverein einen Pokal stiften, Werbung auf Bierdeckel drucken lassen oder Kugelschreiber während einer Tombola verteilen. Die aktive Empfehlung hingegen ist eine von Mensch zu Mensch. Sie funktioniert meiner Meinung nach nur, wenn Sie im Vorfeld mehr als nur eine gute Leistung erbracht haben, von der ohnehin jeder Ratsuchende zunächst einmal ausgeht. Oder würden Sie bei einem Versicherungsberater eine Police unterschreiben, wenn Sie das Gefühl hätten, hier nicht auf der sicheren Seite zu stehen?

Als lokale Marke stehen Sie für das gute Gefühl. Ihre Kunden wissen, dass man sich auf Sie verlassen kann.

Es gibt drei Säulen, die Ihren Markenaufbau stützen und so aus Ihren Kontakten aktive Empfehlungsgeber machen.

Diese drei Säulen stützen Ihren „Markenaufbau":

Säule 1: Emotionalisierung

Ihre Aufgabe als Marke ist es, sich in den Köpfen Ihrer lokalen Kunden „festzusetzen". Dadurch erreichen Sie, dass Ihr Dienstleistungsangebot unmittelbar in das Bewusstsein der Kunden rückt, wenn sich dort ein Bedarf einstellt. Mit einer guten Leistung und den typischen ZDF-Angeboten (Zahlen, Daten und Fakten) werden Sie dieses Ziel nicht erreichen. Sie müssen mit Ihren Kunden auf der

Gefühlsebene kommunizieren. Die Emotionalisierung Ihrer Leistung erreichen Sie durch ein einzigartiges Nutzenversprechen, für das Sie bei Ihren ratsuchenden Kunden einstehen.

Frage:

Wofür stehen Sie? Welchen Nutzen bieten Sie Ihrer Zielgruppe?

Säule 2: Mehrwert bieten

Bieten Sie Ihren Kunden einen Mehrwert. Weniger erfolgreiche Versicherungsberater sind der Meinung, man müsse in jeder Hinsicht 100 Prozent geben. Diese Einstellung ist grundsätzlich richtig. Mit 100 Prozent Leistung lässt sich Kundenzufriedenheit erzielen. Doch wer seine Kunden begeistern will, muss 110 Prozent geben. Eine Fähigkeit, über die erfolgreiche Versicherungsberater verfügen. Mit ihrer Einstellung und ihrer Leidenschaft begeistern sie Kunden und binden sie so dauerhaft ans Unternehmen. Dann spielt der Preis eine untergeordnete Rolle. Interessant finde ich hierzu eine Aussage vom Marketingleiter der Knauf-Gruppe anlässlich seines Vortrages auf der 11. Power Pricing-Konferenz:

> *„... man Mehrwert schaffen muss für den Kunden ... Ihren Kunden muss das Produkt gefallen, nicht der Preis. Die Produkteigenschaften müssen dem Kunden helfen, seine Probleme zu lösen, dort hat man gemeinsame Interessen. Aber nicht beim Preis. Dort ist jedes Nachgeben gefährlich, denn ausgelassene Preismaßnahmen sind nicht mehr nachholbar."*

Je nach Größe Ihrer Agentur könnten Sie z. B. mit lokalen Firmen Rahmenvereinbarungen treffen. Kunden, die über Sie ein „Gutscheinheft mit Angeboten lokaler Unternehmen" erhalten, bekommen hier bei Vorlage eines Gutscheins z. B. einen Einkaufsrabatt. Damit lösen Sie während des Bezahlvorgangs einen „Dopamin-Schub" aus, weil der Kunde Geld spart. Das löst Glücksgefühle aus. Natürlich wird er diese mit Ihnen als seinen lokalen Versicherungsberater in Verbindung bringen. Sie sind es ja, der ihm durch „Ihr Gutscheinheft" vielseitige Vergünstigungen einräumt.

Frage:

Welchen Mehrwert bieten Sie Ihren Kunden?

Säule 3: Soziales Engagement

Durch Ihr „Gutscheinheft" erreichen Sie noch etwas Besonderes. Sie stärken die Kaufkraft in Ihrer Region. Sie sorgen dafür, dass der Kunde nicht nur über das Internet kauft, sondern das Geld im Dorf lässt. Das werden wiederum die Einzelhändler, Geschäftsleute und Unternehmen sehr zu schätzen wissen. Mit einer einfachen Karte wird so bei jedem Kundenkontakt Ihr Name ins Spiel gebracht – der lokale Versicherungsberater, der das Wohl der Menschen im Auge hat.

Erfolgreiche Versicherungsberater engagieren sich auch ehrenamtlich, und zwar nicht nur aus Kalkül, sondern mit Herz und Verstand. Unser Gegenüber merkt sehr schnell, ob wir einem Engagement mit Gefühl nachgehen oder eher, um von uns zu reden. Es macht also wenig Sinn, sich im Tierschutzverein zu engagieren, wenn Sie grundsätzlich eine ablehnende Haltung gegenüber Tieren haben. Wenn für Sie Sport „Mord" ist, dann werden Sie als aktives Mitglied in einem Sportverein alles andere als positiv wirken. Menschen spüren das, denn wir kommunizieren nicht nur über Worte und Inhalte, sondern vielmehr durch die Sprache unseres Körpers.

Frage:

Wo können Sie sich sofort sozial und mit großer Leidenschaft engagieren?

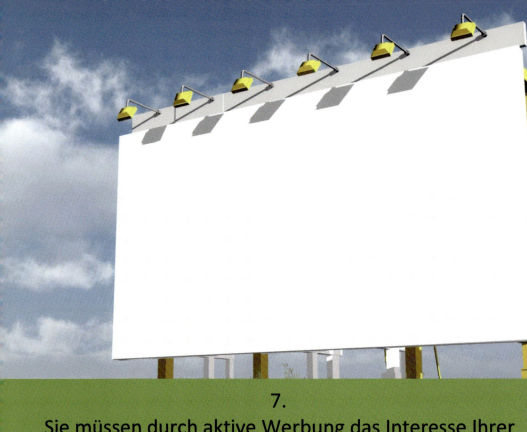

7.
Sie müssen durch aktive Werbung das Interesse Ihrer Zielgruppe auf lokaler Ebene fördern und stärken

„Viele kleine Dinge wurden durch die richtige Art von Werbung groß gemacht."

Mark Twain

Schon jetzt sind die Folgen des demografischen Wandels erkennbar. Immer mehr Firmen haben Schwierigkeiten, ihre Ausbildungsplätze zu besetzen. Auf die Frage, welche Wege zur Nachwuchssicherung in Unternehmen eingeschlagen werden sollten, antwortete der

Hauptgeschäftsführer des Arbeitgeberverbandes Oldenburg (AGV) Jürgen Lehmann in einem Interview[11]:

> *„Wichtig ist hier eine langfristige, strategische Herangehensweise… muss es darum gehen, systematisch an Ihrer Marke als Ausbilder zu feilen."*

Sie sehen, es geht immer darum, als Marke wahrgenommen zu werden.

Ob Umsatz, Gewinn oder Nachwuchssicherung – nur als Marke sind Sie in den Köpfen der Menschen allgegenwärtig. Wie Ihnen das gelingt, haben Sie im vorherigen Kapitel gelesen. Je besser Sie sich als Marke positionieren, desto mehr Kunden werden Sie haben. Der ehemalige Top-Manager der NASA, Norman R. Augustine, fragte einen Tankwart, warum es an seiner Tankstelle immer so voll sei, während die auf der anderen Straßenseite, die vergleichbares Benzin zum selben Preis bot, fast immer leer war[12]. Seine Antwort:

> *„Die sind in einer anderen Branche als wir. Die haben eine Tankstelle – wir sind ein Service-Betrieb!"*

Eine klasse Einstellung!

Im vorherigen Kapitel haben Sie über die drei Säulen des Markenaufbaus lesen können. Das Fundament, auf dem diese Säulen und Sie als „Marke" ruhen, ist Ihre Zielgruppe, aus der der Umsatz und der Gewinn kommen.

Deshalb müssen Sie Ihre Zielgruppe sprichwörtlich in- und auswendig kennen. Sie müssen um ihre Sorgen, Ängste, Probleme, Herausforderungen, Hoffnungen, Träume, Visionen und vieles mehr wissen. Kurzum: Sie müssen die Sprache Ihrer Zielgruppe sprechen. Denn:

Nicht was Sie wollen ist wichtig, sondern das, was Ihre Kunden wollen!

Sobald Sie darum wissen, müssen Sie auf Ihre Zielgruppe mit einem entsprechenden Angebot zugehen. Viele Versicherungsberater glauben, dass Sie hier und da ein bisschen Werbung machen müssen, damit potentielle Kunden in ihre Agentur kommen. Das reicht heute bei weitem nicht mehr aus. In unserem Zeitalter der inflationären Informationsflut geht es darum, sich aus der Masse hervorzuheben. Mit „ein bisschen" Werbung ist das nicht möglich. Vor allen Dingen dürfen Sie nie passiv abwarten und hoffen. Sie müssen von sich aus aktiv werden. Dafür stehen Ihnen mehrere „Kanäle" zur Verfügung, wie z. B. Anzeigen in Tageszeitungen, Internetportalen und ggf. lokalen Magazinen. Darüber hinaus eignen sich Großplakate und Prospekte, die an lokale Haushalte verteilt werden.

Wenn Ihre Zielgruppe Familien sind, dann werden Sie vielleicht Kontakte knüpfen, wenn Sie sich im Sport- und Freizeitcenter engagieren. Sind Unternehmer Ihr Thema, dann sind Sie Mitglied im regionalen Stammtisch, im Rotary-Club oder in einem Gewerbeverein. Auch hier gilt: aktiv statt passiv. Übernehmen Sie eine verantwortungsvolle Position, die Sie mit Leidenschaft ausfüllen. Dann haben Sie am ehesten die Chance, z. B. einen kurzen Impulsvortrag über „Ihr Thema" zu halten.

Die Zielgruppe „Best Ager", also Menschen, die über 50 Jahre alt sind, so wie ab 2030 jeder zweite Deutsche, lesen gern und häufig Zeitung. Anzeigenwerbung wie Beilagen können hier für die notwendige Aufmerksamkeit sorgen. Viele aus dieser Altersgruppe sind auch in Vereinen organisiert und vielseitig interessiert. Möglicherweise haben Sie ein interessantes Hobby, z. B. die Magie (Zauberkünstler) oder Reisen um die Welt. Darüber könnten Sie vortrefflich einen kleinen Impulsvortrag gestalten, um so mit Menschen ins Gespräch zu kommen.

Überhaupt ist das Interesse der Bürger einer Gemeinde an bestimmten Themen extrem groß. Auch wenn Fernseher und Internet allgegenwärtig sind, suchen die Menschen den direkten Kontakt mit „echten" Informationsträgern, die sie mit ihren Fragen bestürmen können.

Thomas Ötinger

In diesen Zeiten, in denen niemand so richtig weiß, wohin die Euro- und Finanzkrise ziehen wird, machen sich viele Menschen Gedanken über ihre Altersvorsorge. So könnten Sie z. B. einen Vortrag im örtlichen Gemeindesaal anbieten, wie Vermögen vor dem Verlust gerettet werden kann. Wichtig ist, dass Sie für diesen Vortrag einen Eintrittspreis verlangen. Eher einen symbolischen. Häufig reichen 5 Euro. Der Effekt ist enorm. Immer dann, wenn der Mensch für etwas bezahlen muss, nimmt er eine Sache ernster, als wenn sie umsonst ist. Schließlich will er für sein Geld etwas geboten bekommen. Einmal bezahlt, wird er auch an diesem Abend zum Vortrag kommen, statt die 5 Euro aus mangelndem Interesse abzuschreiben. Darüber hinaus signalisiert der Eintrittspreis, dass hier wertvolle Informationen geboten werden und es sich dabei nicht um eine Verkaufsveranstaltung, die häufig umsonst sind, handelt.

Getreu dem Motto: „Was nichts kostet, ist nichts wert." Sie und Ihre Leistung sind etwas wert. Verkaufen Sie sich deshalb nie unter Preis!

Ihren Preis als Marke können Sie verlangen, wenn Sie die Belange Ihrer Zielgruppe besser lösen als jeder andere Versicherungsberater.

Es gibt die „Allgemeinen Versicherungsbedingungen", die für alle Versicherungsnehmer gelten, es gibt aber keine allgemeinen Versicherungskonzepte, die für alle gleich gut sind. Hier kommt es auf die regionalen Besonderheiten an. Je mehr Sie darüber wissen, desto genauer und damit zielgerichteter können Sie Ihre Werbung schalten. Statt also „wahllos" Anzeigen in örtlichen Tageszeitungen zu schalten, kommt es darauf an, Ihre Zielgruppe „zielgerichtet" anzusprechen. Und da ist die Tageszeitung nur ein Medium, das Internet ein weiteres sowie eigene Publikationen (z. B. Hauszeitung). Doch in jedem Fall müssen Sie Ihre „Heimat" besser kennen als jeder andere, damit Sie schneller ans Ziel kommen.

So werden z. B. in keinem anderen Landkreis Deutschlands so viele Kinder geboren wie in Cloppenburg[13]. Dagegen kam im Dorf Hisel (bei Bitburg) seit 35 Jahren kein Baby auf die Welt. Am längsten leben die Männer in Heidelberg und die Frauen in Dresden[14]. In Hisel

Mit diesen sieben Erfolgsfaktoren zur lokalen Marke

eine Anzeige in Sachen „Lebensversicherung" zu schalten ist genauso unsinnig wie sich als Experte für Rentenversicherungen in einer Stadt zu positionieren, in der das Gros der Einwohner jenseits der 60 Jahre alt ist.

Wie gut kennen Sie Ihre Stadt? Können Sie folgende Fragen aus dem Stegreif beantworten?:

Wie gut kennen Sie Ihre Stadt?:

Frage:	Meine Antwort:
Wie viele Rentner leben hier?	
Wie viele Unternehmen sind hier angesiedelt?	
Wie viele Kinder leben hier?	
Wie viele Haushalte gibt es?	
Ist die Zahl der Singlehaushalte höher als die der Mehrpersonenhaushalte?	
Wie viele Familien mit Kindern leben hier?	
Wie viele Paare ohne Kinder leben hier?	
Wie viele Beamte leben hier?	
Wie viel Quadratmeter umfasst die Fläche meiner Stadt?	
Wie hoch ist die Geburtenrate?	
Wie hoch ist die Sterberate?	
Wie hoch ist die Arbeitslosigkeit?	
Wie viele Menschen pendeln täglich zur Arbeit?	
Wie viele Autos sind hier angemeldet?	
Wie hoch ist das durchschnittliche Netto-Einkommen (Single/Paare/Familie)	

Darf ich ehrlich sein?

Ich glaube, ad hoc fällt es schwer, alle Fragen auch nur ansatzweise richtig zu beantworten. Gleichwohl wäre das aber extrem wichtig, weil Sie mit diesem Wissen viel genauer Ihre Werbemaßnahmen planen können.

Welche Werbung für Sie als lokale Marke gewinnbringend ist, darüber lesen Sie mehr in meinem Buch:

www.thomas-oetinger.de

Jetzt fängt Ihre Arbeit an

„Der Langsamste, der sein Ziel nicht aus den Augen verliert, geht noch immer geschwinder als jener, der ohne Ziel umherirrt."

Gotthold Ephraim Lessing

Schön, dass Sie sich die Zeit genommen und dieses E-Book gelesen haben. Sie bringen die besten Voraussetzungen mit, in Sachen Versicherungsberatung noch erfolgreicher zu werden. Dabei ist das, was Sie in diesem E-Book gelesen haben, nur der kleinere Teil eines umfangreichen Programms für noch mehr Umsatz und Gewinn.

Gehen Sie nun den nächsten Schritt, so wie ihn einst Goethe formulierte:

„Sage es mir, und ich vergesse es. Zeige es mir, und ich erinnere mich. Lass es mich tun, und ich behalte es."

Dazu empfehle ich Ihnen, in aller Bescheidenheit, zunächst mein neues Buch zu lesen. Zudem haben Sie die Möglichkeit, mich in meinen Vorträgen und Seminaren persönlich kennen zu lernen.

Lesen Sie mehr in meinem Buch.

www.thomas-oetinger.de

Bis dahin wünsche ich Ihnen eine schöne Zeit und noch mehr Erfolg verbunden mit den besten Wünschen.

Ihr
Thomas Ötinger

© Verlag: Wissen zur lokalen Markenführung
Thomas Ötinger

Anschrift: Bahnhofstr. 4, 96106 Ebern
Internet: www.thomas-oetinger.de;

E-Mail: buch@thomas-oetinger.de

Quellen- und Bildnachweis

[1] http://www.wuv.de/marketing/tipps_fuer_marken_wie_man_emotionen_bei_der_kaufentscheidung_dirigiert
[2] http://disq.de/2014/20140619-Versicherer-des-Jahres.html
[3] http://www.fondsprofessionell.de/news/vertrieb-praxis/nid/versicherungsstudie-zwei-drittel-der-deutschen-glauben-nicht-an-honorarberatung/gid/1016568/ref/1/
[4] http://disq.de/2014/20140619-Versicherer-des-Jahres.html
[5] https://www.allianzdeutschland.de/news/news-2010/12-11-10-online-informieren-offline-kaufen
[6] http://www.mynewsdesk.com/de/axa-konzern-ag/pressreleases/gfk-studie-von-axa-und-google-versicherungskunden-informieren-sich-zunehmend-im-internet-937540
[7] http://www.welt.de/gesundheit/psychologie/article2416185/Bauchgefuehl-siegt-ueber-Berechnung.html
[8] The Journal of Counselling Psychology 31, 1967, S. 248-252.
[9] Versicherungsmagazin 7/2010 (Seite 52).
[10] http://www.fondsprofessionell.de/redsys/searchText.php?offset=&beginDate=2010-05&endDate=2010-08&sort=dDo&kat=&sws=Wilenius,&sid=159405
[11] NWZ; 17.07.2014; Als Ausbilder Marke aufbauen
[12] http://www.zitate.de/autor/Augustine,+Norman+R.
[13] http://www.weser-kurier.de/region/niedersachsen_artikel,-Kinderparadies-Cloppenburg-_arid,729022.html
[14] http://www.shortnews.de/id/911273/studie-wo-leben-die-aeltesten-deutschen

Bildnachweis:

Cover: Fotolia.com: Trueffelpix sowie grafisch angepasst
Seite 4: Fotolia.com: Avaroa
Seite 5: Fotolia.com: Coloures-Pic
Seite 9: Fotolia.com: Determined
Seite 19: Fotolia.com: Imaginando
Seite 20: Fotolia.com: Xenia-Luise
Seite 21: Fotolia.com: Lakov Kalinin
Seite 24: Fotolia.com: Pik
Seite 27: Tante Emma Laden: http://commons.wikimedia.org/wiki/File:Lebensmitteleinzelhandel_in_den_1950er.jpg?uselang=de
Seite 29: Fotolia.com: Coloures-Pic
Seite 33: Fotolia.com: Petain
Seite 34: Fotolia.com: TrekandPhoto
Seite 35: Fotolia.com: Irina Mansi Eux
Seite 37: Fotolia.com: Mindscanner
Seite 42: Fotolia.com: Stockwerk
Seite 45: Fotolia.com:
Seite 48: Fotolia.com: Magann
Seite 54: Fotolia.com: Coloures-Pic
Seite 56: Fotolia.com: Bluedesign